AF332259

MINISTÈRE DE LA GUERRE

DIRECTION DE L'INFANTERIE

1er Décembre 1917.

ENTRAINEMENT

AU

COMBAT A LA BAÏONNETTE

ET

CORPS A CORPS

PARIS
Henri CHARLES-LAVAUZELLE
Éditeur militaire
124, Boulevard Saint-Germain, 124
MÊME MAISON A LIMOGES
1920

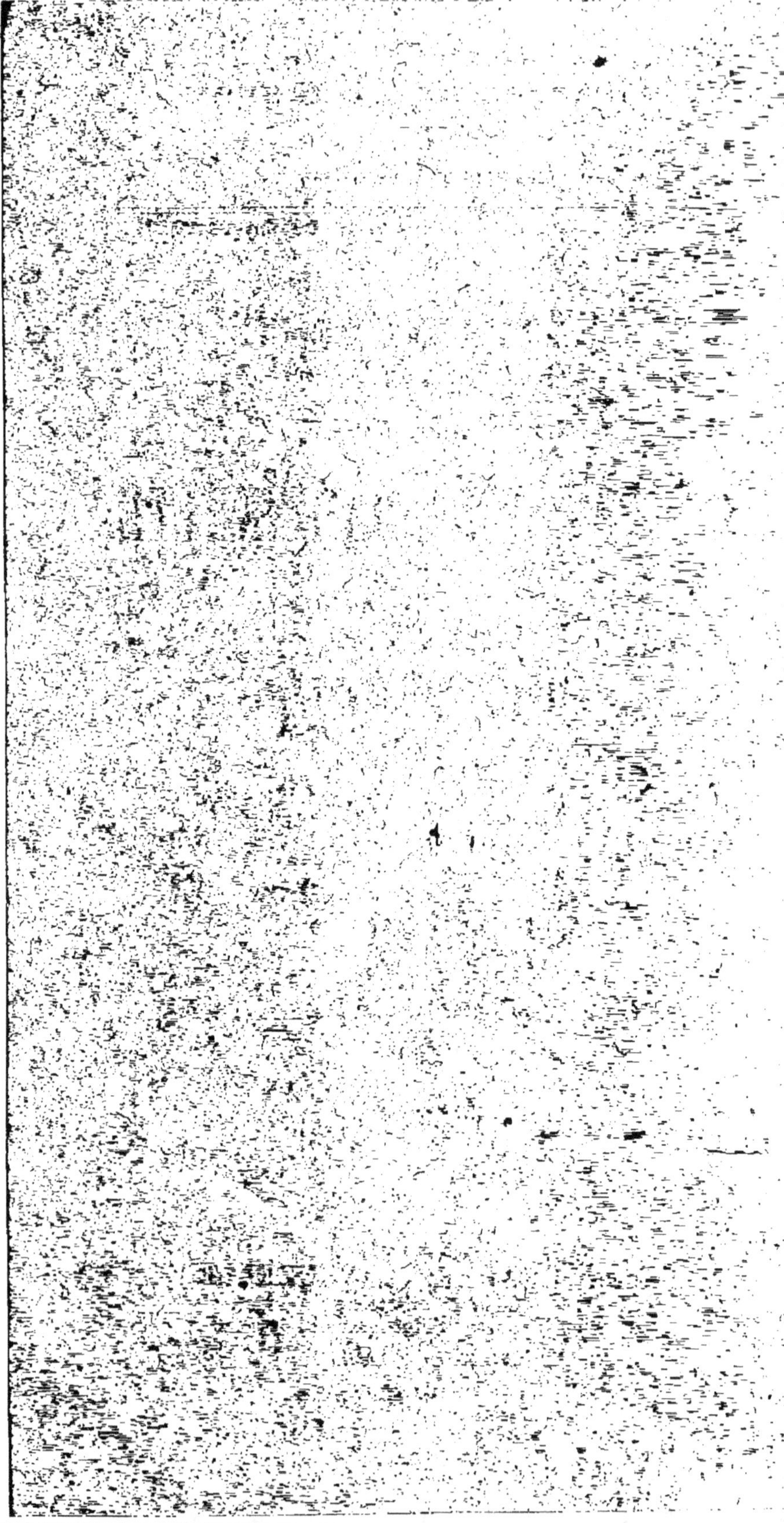

ENTRAINEMENT
AU COMBAT A LA BAÏONNETTE
ET
CORPS A CORPS

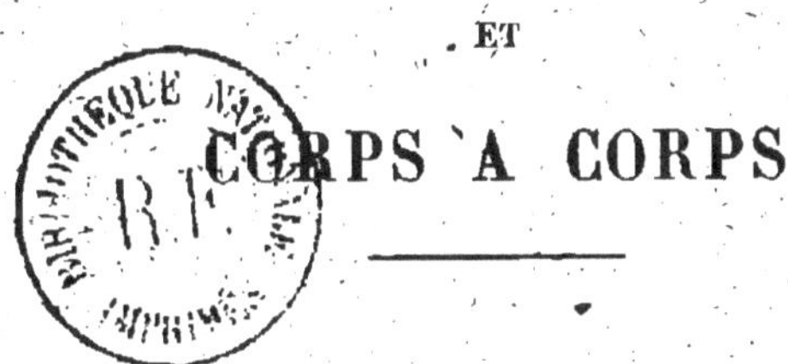

CHAPITRE PREMIER.

RÈGLES GÉNÉRALES.

1. Le combat à la baïonnette et corps à corps s'adresse à tous les combattants. Tous doivent être capables d'utiliser ce moyen d'attaque et de défense, de manière à n'être jamais surpris par ce mode de combat, dans lequel il est facile de dominer l'adversaire par la rapidité de décision, l'adresse, une bonne connaissauce des coups les plus efficaces, la brutalité et la vitesse d'exécution.

Le combat à la baïonnette est la dernière partie du combat rapproché. Il est précédé jusqu'au dernier moment par le tir.

2. Au combat, deux cas se présentent : ou bien l'adversaire surpris n'est pas gardé; ou bien il est en garde, bien maître de ses moyens, en marche ou en attente.

Dans le premier cas, l'essentiel est de profiter de la surprise pour frapper vite et fort d'un coup droit (direct) de la baïonnette, du pied ou du poing). Encore faut-il savoir où frapper. On se souviendra, en outre, que derrière ce premier adversaire peuvent en surgir d'autres, ce qui exige de rester prêt à agir de nouveau.

Dans le deuxième cas (adversaire gardé), la première idée est *d'utiliser la grenade ou la balle*; on ne peut pas toujours le faire s'il y a mêlée, ou si l'on n'a plus de grenades, etc... Il serait alors néfaste de foncer droit en pointant ou en lançant. On va ainsi au moins au coup double. Il faut savoir abattre l'adversaire sans être touché soi-même. Dans ce cas, il conviendrait encore de foncer, mais en garde, en marche fléchie, si possible, maître de tous ses moyens, en sachant ce qu'on veut faire et quel coup on veut porter.

3. L'ensemble des deux cas ci-dessus exige :

a) La rapidité et la violence d'attaque, l'activité poussée au paroxysme, une grande souplesse musculaire, la volonté d'abattre l'adversaire le plus vite possible;

b) La connaissance des parties du corps les plus vulnérables (soldat vêtu, équipé);

c) La pratique presque machinale et brutale des coups les plus efficaces, suivis d'*arrachements rapides;*

d) La résistance et le souffle.

4. La vue d'une baïonnette adverse, à quelques mètres de lui, doit provoquer aussitôt chez le soldat une tension musculaire et nerveuse complète, avec la volonté de frapper par un direct ou d'écarter instantanément la baïonnette opposée en frappant violemment ce qu'il y a derrière, au besoin en doublant et redoublant, et d'être aussitôt prêt à recommencer contre une autre baïonnette.

Cette tension est très fatigante; donc il faut s'entraîner et l'entraînement doit être court, mais fréquent.

On recherchera souvent les exercices qui provoquent cette tension complète, courte, brutale et irrésistible.

5. Terrains d'entraînement. — L'entraînement est donné :

1° Sur un stade destiné à l'entraînement physique;

2° Sur une piste de combat spéciale (tranchées, boyaux, portiques à mannequins, champs de tir, etc.);

3° En terrains variés, bois, etc.

6. Objectifs. — Les objectifs sont :

1° Des sacs-mannequins à terre, ou suspendus à droite ou à gauche de la piste du stade, ou placés sur la piste de combat ou en terrains variés (en tranchées, à terre, suspendus à des portiques de fortune, aux arbres, etc.). Le sac peut être muni d'un bâton pour obliger au battement. Il porte des cercles peints ou des disques mobiles de papier à la place des points vulnérables (tête, cœur, etc.);

2° Des bâtons à tampon tenus par un aide ou par l'instructeur. (Longueur du bâton, 1^m,80 environ; diamètre du tampon, 15 à 20 centimètres);

3° Le sol, des sacs-mannequins, des fagots de bois, etc., aux points marqués par des disques de papier, chiffon, etc.;

4° Enfin l'instructeur lui-même ou un camarade (baïonnette couverte du fourreau, bâton à tampon, arme à baïonnette rentrante, si on en dispose).

7. Armement. — A l'entraînement, l'homme est muni de son arme avec *baïonnette nue* pour tous les exercices contre *sacs-mannequins*, bâtons à tampon, disques, etc...

Faire mettre le fourreau sur la baïonnette pour les charges groupe contre groupe, mêlées, ou pour la leçon individuelle avec l'instructeur, si l'on n'a pas d'arme à baïonnette rentrante.

Il est muni de l'arme à baïonnette rentrante pour la leçon individuelle avec l'instructeur, et, en plus, des masques et des gants pour les assauts à deux ou collectifs. A défaut de ce matériel, on utilisera pour faire répéter certains coups le bâton à tampon de 1ᵐ,80 ou même l'arme réglementaire avec baïonnette dans le fourreau (médiocre).

L'instructeur est généralement muni du bâton à tampon et à disque ou de l'arme à baïonnette rentrante.

CHAPITRE II.

DESCRIPTION DES COUPS.

Nota. — Les titres entre guillemets indiquent les commandements à faire.

8. Pas de charge et gardes :

a) « Pas de charge à droite ou à gauche. »

Le pas de charge est pris à droite ou à gauche. On s'exerce à passer rapidement de l'un à l'autre, à toutes les allures jusqu'à la course.

La régularité de la position importe peu, l'essentiel est de ne pas contracter les bras avant d'agir. Le bras dont la main tient la poignée du fusil repose sur la cartouchière de droite, l'autre main tient le fût à la hauteur de l'épaule, les doigts ouverts si le canon est brûlant.

b) « En garde à droite ou en garde à gauche. »

ou « Garde courte à droite ou à gauche. »

La garde est prise à *droite* (fusil à droite du corps) ou à *gauche en partant de toutes les positions.*

La meilleure garde, quand on a l'espace voulu, est la *garde longue,* l'arme parallèle au sol, la pointe vers l'adversaire, main avant dans le voisinage de la grenadière, main arrière à la poignée, la plaque de couche de la crosse à hauteur de la partie arrière du corps.

Au début de l'instruction, les principes de cette garde-type sont respectés avec soin, pour assurer à l'homme un bon équilibre et une bonne utilisation de ses moyens. Aux assauts d'entraînement et au combat, l'homme n'a plus à tenir compte de la garde-type, qui doit être modifiée selon le coup à exécuter, la garde adverse, l'espace disponible, etc... Il cherche alors à porter un coup, quelle que soit la position de son arme et de ses jambes.

La *garde courte* est prise à volonté, soit en reculant les deux mains avec l'arme, soit en avançant les deux mains vers l'extrémité du fusil, sans exagération; dans toutes les gardes, l'essentiel est de ne pas donner prise aux battements adverses et, au contraire, d'être toujours prêt à battre, soit pour écarter et attaquer, soit pour parer et attaquer.

Un homme surpris dans un abri s'accroupit derrière son arme tenue verticalement à deux mains et pare en déplaçant son arme latéralement jusqu'à ce qu'il puisse battre efficacement et attaquer.

Un homme dans un boyau étroit prend avec avantage la « *garde en dessus* » de la tête, avec renversement de mains, si nécessaire.

c) « *Marche en garde.* » — « *Changement de garde.* »

La marche en garde (ou déplacement) est faite en flexions rapides en avant, en arrière, à droite, à gauche, obliquement, etc...

Les changements de garde sont faits à toutes les allures.

Il convient de s'entraîner à ces différents exercices de manière à *jongler avec son arme* et à obtenir *un jeu de jambes* extrêmement rapide.

d) *Mesure.*

La mesure est la plus grande distance à laquelle on puisse atteindre son adversaire soit avec la pointe de la baïonnette, soit avec le poing ou le pied, soit avec le couteau. Il est important d'avoir une idée de la mesure dans chaque cas.

9. Attaques.

e) « *Pointez.* »

Le pointer simple se place *contre ennemi surpris ou mal gardé.* Ne le faire qu'en marchant et en courant sans se mettre en garde, mais avec une extrême rapidité et la plus grande violence.

Le pointer est fait dans toutes les directions, horizontalement ou verticalement (vers le sol ou vers le ciel) ; dans le pointer à terre retourner la main qui tient la poignée, si nécessaire.

Il importe de savoir *pointer de vitesse* pour les opérations de *nettoyage* et la mise hors de combat rapide d'adversaires groupés. Le *pointer de vitesse* consiste à exécuter le plus grand nombre possible de touches, en l'espace de quelques secondes. La vitesse ne doit exclure ni la précision ni la pénétration. (A titre d'exemple, un homme moyennement exercé doit pouvoir exécuter 4 touches précises en moins de deux secondes sur quatre objectifs différents, placés à $0^m,50$ les uns des autres.)

f) « *Battez court — Pointez.* »

Contre ennemi gardé, c'est le coup le plus simple. Le battement est fait de droite à gauche ou de gauche à droite, ou de haut en bas ou de bas en haut, selon la place de l'arme adverse.

Il s'agit d'un *battement court coïncidant presque avec le pointez.*

Entraîner à battre et pointer dans toutes les directions, avec changements de garde, chaque fois qu'il est nécessaire.

g) « Lancez long. »

Utile contre ennemi mal gardé ou surpris. S'entraîner à le donner long et violent, par rotation et détente du corps, fente légère, les deux mains projetant l'arme, la main avant la dirigeant d'abord et se tenant prête à la ressaisir en cas de parade adverse. Revenir très vite à la garde (autres adversaires possibles).

h) « Battez large – Coup de crosse – Pointez. »

Pour ce coup, le battement large est fait vers la gauche, si on est en garde à droite ou inversement. Il amène naturellement la crosse en avant. Frapper brutalement **avec** la crosse au visage de l'adversaire, redoubler s'il le faut, puis achever par un pointer.

i) « Poussez – Pointez. »

L'avance en garde haute (médiocre) ou toute autre garde amène souvent les armes à se croiser en corps à corps; pousser son adversaire à la mesure et pointer, ou bien se rejeter soi-même en arrière à la mesure et pointer.

j) Arrachement.

Dès qu'un coup a porté, il faut libérer sa baïonnette le plus vite possible en l'arrachant du corps adverse, soit pour redoubler, soit pour faire face à d'autres adversaires.

Pour l'arrachement, retirer violemment l'arme en arrière, avec les deux mains, au besoin déplacer les mains qui se portent plus en avant, et s'aider du pied posé sur l'adversaire près de la baïonnette. Dans les exercices de pointer à terre contre mannequin, l'instructeur veillera à ce que le pied ne se pose pas sur le mannequin avant l'arrivée de la pointe (accidents possibles).

10. Points vulnérables.

L'homme habillé et équipé est généralement peu vulnérable dans la région du ventre (ceinturon, cartouchières, etc...); en outre, un coup de baïonnette au ventre n'arrête pas toujours instantanément l'adversaire.

Les points les plus vulnérables pour la baïonnette sont la figure, le cou, le cœur, les cuisses, et, faute de mieux, le bras le plus avancé.

11. Battements, parades, ripostes.

Il n'y a pas lieu de distinguer la parade du battement. Dès que l'homme voit une baïonnette adverse dans le rayon de sa mesure, il bat, pointe ou lance, et recommence s'il le faut, sans qu'il ait besoin de savoir s'il s'agit d'une parade, d'un battement ou d'une riposte.

12. Coups de demi-corps à corps.

a) Avec l'arme à baïonnette.

La plupart des coups précédents peuvent être exécutés en garde courte.

Exemple :

« Garde courte à droite (ou à gauche) Pointez » (ennemi surpris).

« Garde courte à droite (ou à gauche) Battez. Pointez » (ennemi gardé).

Et si l'on est trop près de l'adversaire, « poussez, pointez » ou les coups suivants :

« Coup de fût au cou adverse de gauche à droite, avec croc-en-jambe à droite. » A terre, « pointez », ou « coup de crosse et pointez ». « Coup de fût au cou adverse et coup de pied bas à la jambe avancée », « pointez », etc.

b) Sans arme à baïonnette contre baïonnette.

« Désarmez. Pointez. » Battre ou parer le coup adverse avec la main contre la base de la baïonnette, saisir l'arme à deux mains, en lui faisant subir une torsion qui contraint l'adversaire à lâcher prise, pointer avec l'arme enlevée.

S'il y a résistance, coup de pied bas, coup de genou au ventre, etc.

Nota. — A défaut d'autre moyen, la main suffit à écarter l'arme adverse. Mais n'importe quoi, un bâton, même court, la baïonnette tenue à la main, un couteau, permettent d'écarter le coup de l'adversaire. Après quoi, si l'on sait *désarmer*, on domine facilement.

13. Corps à corps sans arme.

Voir Annéxe n° 1, Notice sur le corps à corps du 1ᵉʳ décembre 1917 du Centre d'instruction physique de Joinville-le-Pont.

La valeur de l'attaque à la baïonnette est décuplée lorsque l'assaillant est assuré de savoir se servir de ses poings et de ses pieds, dans les coups les plus simples du corps à corps. Il acquiert la confiance en soi, et l'agressivité brutale, mais adroite.

CHAPITRE III.

COMPOSITION ET EXÉCUTION DES LEÇONS D'ENTRAINEMENT.

14. **But de l'entraînement :** amener l'homme à être maître de son arme de façon qu'il puisse sans hésiter attaquer et se défendre en associant le tir, la baïonnette et le corps à corps, dans toutes les situations et quelle que soit la manière dont se présente l'adversaire.

15. L'entraînement comprend des *leçons collectives et individuelles.*

La leçon collective comporte :

1° Des exercices sur tous les terrains avec coups portés sur objectifs divers (sol, disques, anneaux, tampons, sacs-mannequins, etc.) ;

2° Des parcours sur pistes de longueur variable en terrain plat ou accidenté, avec obstacles et objectifs divers ;

3° Des exercices associant le tir (grenades comprises) au combat à la baïonnette et au corps à corps (avec et sans arme).

La leçon individuelle comporte :

1° L'enseignement des coups décrits au chapitre II ;

2° Des assauts contre l'instructeur ;

3° Des assauts un contre un, un contre deux, etc., jusqu'au corps à corps (avec et sans arme).

16. La leçon *collective* ou *individuelle* peut avoir une durée maximum de 30 minutes. En outre, de très courtes leçons de quelques minutes au milieu des autres exercices donneront de bons résultats.

17. Les principes généraux d'entraînement physique (tenue, mise en train, retour au calme, ablutions, etc.) sont applicables à l'entraînement au combat à la baïonnette.

18. **Composition des leçons.**

Pour composer une *leçon collective* l'instructeur choisit ses exercices dans le programme suivant :

1° Marche ou course, dans les diverses gardes : garde à droite et à gauche, longue et courte, de corps à corps, pointe haute et basse, latérale à droite et à gauche, en dessus.

Changements de garde rapides et successifs;

2° Marche ou course, et prise d'une garde quelconque : *a)* en arrêt brusque, *b)* en arrêt brusque avec recul et bond en arrière;

3° Marche ou course avec pointés au sol (ou sur tous autres objectifs disposés sur le sol et offrant la résistance du corps humain), dans les diverses gardes : *a)* pointés en marche à chaque pas (sans arrêt), *b)* pointés en course (avec arrêt brusque au moment du pointé);

4° Marche ou course avec arrêts brusques pour s'accroupir, s'agenouiller, s'asseoir ou s'étendre sur le sol, et pointés au sol ou sur tous autres objectifs dans les diverses positions;

5° Marche ou course avec pointés latéraux au sol ou sur tous autres objectifs à droite et à gauche;

6° Pointés de précision sur les bâtons à tampons :

a) Sur place, *b)* en avançant et en reculant, *c)* en progressant de côté, *d)* l'aide muni du bâton, tournant autour de son partenaire, *e)* l'homme armé dans la position accroupie, à genou, assis ou étendu sur le sol;

7° Pointés de rapidité et de précision sur sacs de petites dimensions ou mannequins avec marques;

8° Parcours partiel ou total d'une piste d'obstacles et d'objectifs;

9° Bonds rapides de 10 à 25 mètres, avec cris, pour atteindre et frapper un objectif.

19. Pour la *leçon individuelle*, choisir parmi les exercices de la progression suivante :

1° *Le pas de charge et les gardes;*

2° *Les marches en garde et les changements de garde;*

3° *Les attaques :* *a)* contre bâtons-tampons (précision), *b)* contre bâtons à disques (précision et arrachement), *c)* contre sacs-mannequins avec marques ou disques (précision, pénétration et arrachement), *d)* sur pistes contre sacs-mannequins et tourniquets à disques avec course (précision, pénétration, arrachement, vitesse et résistance). (Répéter en marchant, puis en courant contre l'instructeur, les attaques enseignées d'abord de pied ferme);

4° *Coups de demi-corps à corps et de corps à corps;*

5° *Assaut contre l'instructeur;*

6° *Assaut un contre un,* en diminuant progressivement jusqu'à 10 secondes le temps de l'assaut, les deux adversaires partant à 25 mètres l'un de l'autre;

7° *Assaut un contre un sans arme, contre arme;*

8° *Assaut un contre deux, puis contre trois;*

9° *Arme cou·te contre arme longue* (Annexe n° 3).

20. Exécution des leçons.

Au début de l'instruction la leçon est surtout *individuelle*. Dès que l'homme exécute convenablement les premiers exercices de la leçon individuelle (N° 19, §§ 1 et 2), il est appelé au travail de la leçon collective.

En principe, un instructeur donne la leçon collective. Pendant ce temps un deuxième donne la leçon individuelle en appelant à lui chaque homme successivement.

Si on ne dispose que d'un seul instructeur, l'enseignement est donné soit en exécutant un jour la leçon individuelle et un autre la leçon collective; soit en exécutant toujours la leçon collective et en réservant une partie de cette leçon à l'instruction individuelle.

21. *La leçon,* au début de l'instruction ou pour un entraînement sévère, doit être, si possible, *quotidienne.*

Pour le maintien de l'entraînement, deux ou trois séances par semaine et de durée variable seront suffisantes.

22. Pour *la leçon individuelle,* l'instructeur forme sur un rang son groupe, passe successivement devant chaque homme muni de son arme et, sur l'avance de son bâton-tampon, fait exécuter le coup qu'il indique — quelques secondes par homme suffisent. Il doit arriver à faire exécuter cette leçon à la muette soit de pied ferme, soit en marchant ou en courant, *en partant de n'importe quelle position de l'homme et de son arme.* Il désigne l'homme par son nom, en plaçant le tampon par terre, et dit : « Objectif : le tampon. » Dès que le tampon se lève, l'homme attaque avec fureur, touche et passe. Ou bien, l'instructeur dit : « Objectif : Moi — cœur. » Dès que le tampon se lève, l'homme lance, ou *bat et lance* au cœur de l'instructeur et passe (la baïonnette est alors munie du fourreau). L'instructeur évite le coup. Ou bien, l'instructeur dit : « Objectif : Tel mannequin et sur le mannequin tel point marqué par un disque. » L'homme attaque avec énergie, pointe, redouble s'il le faut et passe.

Les hommes qui ont passé se forment sur un nouveau rang parallèle au premier, derrière l'instructeur.

Tous les hommes qui attendent leur tour ou qui ont passé exécutent sur place ou en marchant autour du terrain des assouplissements des bras avec l'arme, des pointés ou lancés dans les deux gardes, des changements de garde rapides, ou bien se mettent au repos, a l'indication de l'instructeur..

23. Pour l'exécution de la *leçon collective*, l'instructeur tient compte des circonstances de temps, terrain, époque d'entraînement, etc. Il a toute initiative pour varier le caractère d'exécution de la leçon et la rendre attrayante. Il se rapproche progressivement des conditions du combat.

24. Des leçons spéciales peuvent être données pour perfectionner certains coups, simuler un combat réel en surface ou en tranchées et boyaux, étudier spécialement le corps à corps, combiner le combat de grenades et le tir avec l'assaut, etc., soit contre objectifs inertes avec projectiles réels, soit contre adversaires réels avec projectiles inoffensifs et armes à baïonnette rentrante, masques, etc., selon les ressources de terrain et de matériel.

25. Moyens de contrôle. L'instructeur s'ingénie à créer lui-même et à varier les moyens de contrôle.

Les moyens suivants sont donnés à titre d'indication et pourront servir de base aux inspections d'instruction :

1° *Courses sur piste* de 100 mètres avec obstacles et objectifs (voir Annexe 5. Epreuves de contrôle);

2° *Assauts* un contre un (voir Annexe 5);

3° *Tirs réels* précédant, suivant ou accompagnant le combat à la baïonnette et le parcours d'une piste d'obstacles et d'objectifs.

Combinaisons multiples d'organisation et d'exécution.

Contrôle par addition des points obtenus au tir, à l'assaut, au parcours de la piste, à l'adresse sur les objectifs.

ANNEXES.

ANNEXE 1.

Voir Notice sur le corps a corps
du 1ᵉʳ décembre 1917, du Centre d'instruction physique
de Joinville-le-Pont.

ANNEXE 2.

Exemple d'une leçon complète (individuelle et collective).

(Intensité moyenne. — Temps : 25 à 30 minutes.
Tenue légère. — Pas d'équipement.)

a) **Mise en train** (2 minutes au plus.) Indispensable
pendant les trois premiers mois de l'instruction.

Bras.

« *Jonglez avec l'arme* » (d'une main à l'autre, par-
dessus la tête, en marchant, puis en courant) ou bien
« *Élévation latérale de l'arme* » (avec le bras tendu, la
main tenant la poignée, la pointe de la baïonnette partant de terre, demi-fente avant, du bras droit puis du
bras gauche).

Jambes.

« *En garde* » - « *Flexion des jambes* » (2 ou 3 fois).
« *En garde, à gauche* » - « *Flexion des jambes* » (2 ou
3 fois).

Tronc.

« *En garde* » - « *Rotation du tronc* » (2 ou 3 fois), ou
bien : « *Arme aux épaules* » - « *Circumduction du tronc* »
(2 ou 3 fois). « *Respirez* ».

b) **Partie individuelle.**

1° *Assaut contre l'instructeur* (15 secondes au maximum
pour chaque homme, en moyenne).

2° Les autres hommes s'exercent individuellement au « lancer » de précision contre des sacs-mannequins d'abord de pied ferme, puis en marchant et en courant (précision et mesure) ou à tout autre exercice du chapitre II qu'indique l'instructeur.

c) **Partie collective.**

1° Former son groupe sur 2, 3 ou 4 rangs les uns derrière les autres, les hommes à 3 pas dans chaque rang.

1er rang : « *Couchez-vous.* » – « *L'Arme à la main.* » – « *Pas de course* » – « *Partez.* » A 10 mètres : « *Couchez-vous* » – « *Rampez.* » – « *Debout.* » – « *Pointez ou lancez.* » (Divers objectifs au sol ou debout.) Deuxième bond analogue.

2° rang : même exercice, et ainsi de suite par rang.

2° Former son groupe en colonne par un. Orienter le 1er homme sur un obstacle (haie ou talus) derrière lequel se trouve un ou plusieurs sacs-mannequins à terre, disposés à l'avance : « *Courez-Sautez-Pointez.* »

Continuer par un boyau ou tranchée, muni d'objectifs dissimulés à droite ou à gauche. Surveiller les changements de garde nécessaires.

Sortir de la tranchée par escalade. A la sortie : « *Pointez* » sur objectifs disposés en surface, etc.

d) **Retour au calme.** — « *En colonne par deux derrière moi, à deux pas de distance.* »

« *Marche à volonté l'arme à la main.* »

« *Marche lente avec exercices respiratoires.* »

Nota. — Ne disperser son groupe que lorsque la sueur et l'essoufflement ont disparu.

———

ANNEXE 3.

PARTICULARITÉS RELATIVES AU COMBAT A LA BAÏONNETTE, ARME COURTE CONTRE ARME LONGUE.

a) Le combattant à l'arme courte contre arme longue cherche le combat rapproché. Pour cela, il marche sur l'adversaire et l'oblige ainsi à lancer l'attaque sans lui donner le temps de la préparer.

Il doit posséder à fond le sentiment de sa mesure et de celle de son adversaire. Il doit être très exercé au jeu de jambes.

b) Le « *lancer* » est peu employé dans les attaques en avant, arme courte contre arme longue, mais il retrouve son emploi dans la mêlée pour les attaques de côté et de revers, et aussi chaque fois que l'on a devant soi un adversaire mal gardé.

En règle générale, l'homme muni de l'arme courte cherche à écarter l'arme longue par une *prise de fer, un battement,* ou une fausse *attaque avant d'attaquer.*

En outre, en raison de la dimension de l'arme courte, l'homme qui en est armé peut, plus facilement que son adversaire, employer de près la pointe ou le tranchant de la baïonnette, dans le corps à corps, sans changer la place de ses mains sur son arme.

c) « *Battez - Pointez.* »

1° Si l'adversaire (arme longue) exécute un « *lancez* » ou un « *pointez* » pour arrêter sa marche, chassez son arme par un battement, gagnez très vivement votre mesure en restant couvert et « *pointez* ».

2° Si l'adversaire ne lance pas d'attaque, exécutez vivement une prise de son arme à droite vers le haut et une torsion du corps qui envoient la pointe adverse obliquement vers le sol et « *pointez* » (attention à la pointe adverse).

d) « *Dégagez - Pointez.* »

Si l'adversaire s'est rapproché et s'appuie sur votre arme, cédez vivement à son appui, dégagez en esquivant la tête, et pointez.

e) « *Bloquez - Pointez.* »

Si vous avez pris l'arme adverse à gauche : bloquez-la contre votre corps ou exécutez une torsion du corps qui envoie l'arme adverse en haut et à droite, et pointez.

f) » *Poussez - Pointez.* »

Si vous arrivez au corps à corps, poussez et pointez.

g) « *Coupez et pointez.* »

Si le corps à corps est complet et que vous ne puissiez dégager votre pointe, attaquez en tranchant la partie la plus rapprochée, cou, main, figure, etc..., et pointez.

h) « *Déséquilibrez, Pointez.* »

Ou bien déséquilibrez vivement l'adversaire par un croc-en-jambe à droite en même temps que vous frappez du fût de votre arme le cou ou la figure de votre adversaire; pendant qu'il tombe, pointez.

i). Les coups les plus rapprochés sont ceux indiqués dans le corps à corps sans arme.

Nota. — Les principes de combat à l'arme courte contre arme courte sont ceux indiqués pour l'arme longue.

———

ANNEXE 4.

MATÉRIEL ET TERRAINS D'ENTRAINEMENT.

1. Matériel.

Le matériel d'entrainement au combat à la baïonnette comprend :

a) Les objectifs décrits au chapitre 1er, paragraphe 6. Ils sont très faciles à fabriquer avec les moyens dont disposent les corps.

Les *sacs-mannequins* sont des sacs ordinaires ou des sacs à terre bourrés d'herbe, de paille ou de copeaux. L'adjonction de quelques fagotins permettra de réaliser la résistance moyenne du corps humain. Ces sacs portent des cercles peints en blanc ou des disques de papier de 8 à 10 centimètres de diamètre qui indiquent en gros la place de la tête, du cœur et des cuisses.

Le tampon des bâtons est fait d'un morceau de toile d'emballage bourré d'herbe et solidement fixé par un fil de fer enroulé et cloué à l'extrémité du bâton.

Le disque des bâtons est fait de corde assez forte fixée à l'extrémité du bâton.

Le tourniquet à disque se compose d'un T de bois dont la branche horizontale peut tourner sur la branche verticale. L'une des extrémités de la branche horizontale est percée d'un logement où vient se placer à frottement large, la queue d'un disque de fil de fer de 8 à 10 centimètres de diamètre intérieur.

b) Des potences (diverses hauteurs) et des *portiques* de 2^m,50 de haut et de 2^m,50 de largeur *au moins* pour suspendre les sacs-mannequins qui sont maintenus d'autre part par des fils de fer ou cordes fixés solidement en terre.

Ces potences et portiques peuvent être remplacés par des arbres et des traverses posées sur deux arbres voisins.

c) Un armement spécial pour les assauts contre l'instructeur, ou un contre un, ou collectifs.

Cet armement comprend : l'arme à baïonnette rentrante, les gants et masques décrits à l'annexe III du règlement d'éducation physique du 21 janvier 1910 (édition mise à jour au 30 juillet 1913).

2. Terrains d'entraînement.

Il paraît inutile de décrire les terrains d'entraînement au combat à la baïonnette, qui varieront selon les dimensions et la nature du sol dont on dispose.

Le *stade plat* destiné à l'entraînement physique servira également au combat à la baïonnette pour les trois premiers mois de l'instruction et pour les perfectionnements ultérieurs.

A cet effet, il doit comprendre *une piste de cent mètres spéciale* à l'entraînement au combat à la baïonnette et *un terrain d'assaut*.

a) *Piste de combat à la baïonnette.*

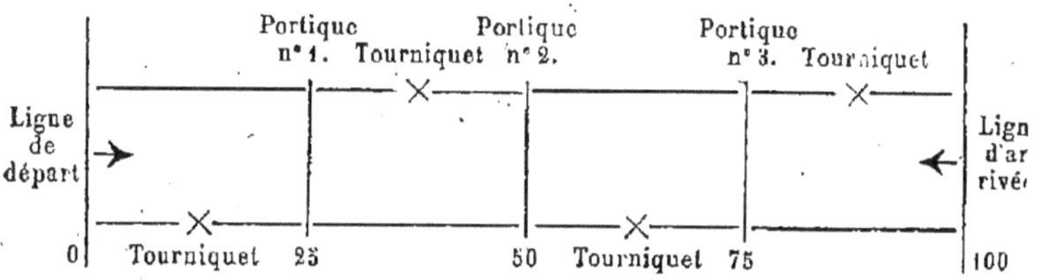

Longueur : 100 mètres.

Largeur : variable, 2^m,50 au moins.

Sol : aussi plat que possible.

Trois portiques à 25, 50 et 75 mètres de la ligne de départ.

Quatre tourniquets, deux à droite, deux à gauche.

En outre, du matériel mobile peut y être ajouté pour certaines épreuves : haies, murettes de bois, escalades, sacs-mannequins à terre, disques de papier à terre, etc.

b) *Terrain d'assaut.*

Le terrain d'assaut est aussi plat que possible pour les débuts de l'instruction. Par la suite, on y ajoute des obstacles mobiles ou fixes, haies, troncs d'arbres debout, tas de sacs à terre, fils de fer, trous d'obus, etc. Puis l'assaut a lieu dans tous les terrains dont on dispose.

Le terrain d'assaut est un rectangle de 25 mètres de longueur et de largeur variable, divisé en trois parties par deux lignes centrales à 10 mètres l'une de l'autre.

Les deux adversaires courent l'un vers l'autre en partant des lignes extérieures. Le combat doit être réglé à l'intérieur des lignes centrales, dans le temps et les conditions imposés par l'instructeur. (Voir Annexe 5.)

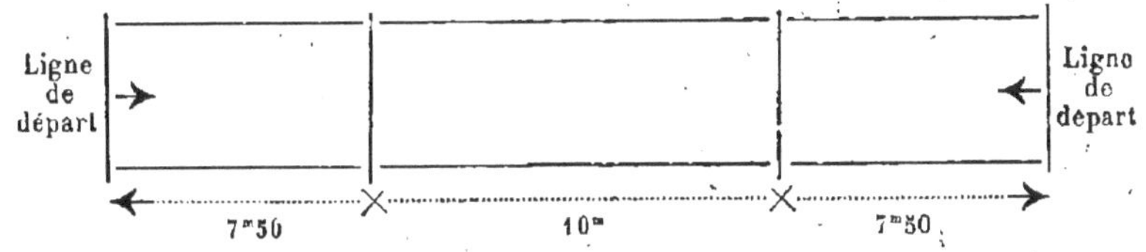

ANNEXE 5.

ÉPREUVES DE CONTRÔLE.

1° *CONCOURS INDIVIDUEL de vitesse et d'adresse.*
PISTE de 100 mètres.

Tenue progressivement amenée à la tenue de campagne suivante : casque, capote ou veste, équipement (cartouchières vides), arme réglementaire avec baïonnette solidement fixée au canon, sans sac.

La **piste** a une longueur de 100 mètres; elle comporte sept objectifs et deux obstacles. (Voir Annexe 4 : Piste de combat à la baïonnette.)

Les **objectifs** sont des disques de papier blanc ou rouge de 8 centimètres de diamètre épinglés sur des mannequins, ou des anneaux mobiles de même diamètre sur tourniquets.

Les **obstacles** sont deux haies de 80 centimètres de hauteur, que l'homme *doit sauter*.

Chaque soldat se place à la ligne de départ (position du pas de charge). Il part à la course au signal du chronométreur et cherche à percer les disques et à enlever les anneaux à la pointe de la baïonnette dans le minimum de temps.

Il est accordé vint-cinq secondes pour le temps du parcours.

On note : 1° Le nombre de secondes mises à parcourir les 100 mètres ;

2° Le nombre de disques percés et d'anneaux enlevés à la pointe.

On compte *deux points* pour chaque disque percé et anneau enlevé.

Un point est enlevé pour tout « arrachement » mal fait.

Un point est enlevé pour tout saut d'obstacle non exécuté.

Un point est enlevé pour chaque seconde en sus des vingt-cinq secondes accordées.

A égalité de points, le meilleur est celui qui a accompli le parcours dans le minimum de temps. A égalité de points et de temps, il y a *ex æquo*.

2º *ASSAUTS UN CONTRE UN* (*baïonnette et corps à corps*).

Tenue progressivement amenée à la tenue de campagne suivante : capote ou veste, équipement, cartouchières vides, masques réglementaires, gants, armes à baïonnette rentrante.

a) **Éliminatoires.**

Les concurrents sont classés en groupes de sept ou huit tirés au sort. Chaque groupe exécute une poule.

Les deux concurrents appelés à combattre sont placés à 25 mètres l'un de l'autre, face à face, sur le terrain d'assaut (voir tracé Annexe 4). Le coulissage des baïonnettes est vérifié par l'instructeur ou par le jury (1).

Au signal « *Partez* » du chronométreur, les deux concurrents se portent l'un vers l'autre au pas de charge ou à la course. Deux lignes centrales, à 10 mètres l'une de l'autre, sont tracées sur le sol, à 7ᵐ,50 des lignes de départ. Les concurrents *doivent les franchir*. A partir du franchissement des lignes centrales par l'un d'eux, les concurrents ont dix secondes pour régler le combat, en une seule touche ou prise de corps à corps.

Obtention des points. — Si *aucune décision* n'est obtenue au bout de dix secondes, le chronométreur fait arrêter le combat et les deux concurrents ont zéro tous les deux.

Si l'un des concurrents *en reculant dépasse sa ligne* des 10 mètres, le combat n'est pas arrêté, mais celui qui a reculé a 2 points à défalquer de son total de points.

Il est attribué :

4 *points* pour toute touche (pointe, couteau ou crosse) atteignant le tronc (à l'exception des cartouchières), les

---

(1) Dans certaines épreuves de classement il y aura intérêt à former un jury composé de : un président, quatre membres, un chronométreur, choisi parmi les officiers ou gradés compétents.

deux cuisses, genou compris, le cou et la tête, et pour toute prise de corps à corps (non poussée à fond) *pouvant amener la mise hors de combat définitive ;*

2 *points* pour tout coup (pointe, couteau ou crosse) porté aux bras ou aux jambes (en dessous du genou), pour tout coup superficiel au tronc, cuisses, cou et tête, pour toute prise de corps à corps pouvant amener seulement une *mise hors de combat momentanée ;*

1 *point* pour tout coup superficiel aux bras ou aux jambes (en dessous du genou).

Au premier résultat constaté, l'instructeur (ou le chef du jury) crie « Halte », le combat s'arrête. S'il y a prise de corps à corps, la prise est maintenue pour qu'elle puisse être jugée.

Coups doubles. — 1° S'il y a *coup double véritable*, il est attribué au meilleur coup la différence de valeur des up s portés.

Exemple : 1, un des concurrents touche au cœur, l'autre touch e au bras, différence 4 — 2 = 2 ; le premier a deux points, le second zéro.

Autre exemple : Les deux concurrents touchent ensemble au cœur : 2 — 2 = 0. Ils ont zéro tous deux.

2° S'il y a *entre les coups une différence de temps appréciable*, il est décidé si le coup arrivé premier pouvait empêcher le second de se produire. Si oui, le premier coup a le nombre de points qu'il vaut, sans diminution. Dans le cas contraire, il est attribué au meilleur la différence de valeur des coups, comme dans le premier cas.

b) **Demi-finales.**

Les éliminatoires donnent les premiers de chaque groupe de poules. Les demi-finales sont faites dans chaque catégorie entre les premiers de chaque groupe ainsi déterminés. Elles donnent le premier de chaque catégorie. Même règlement que pour les éliminatoires.

c) **Finale.**

Le premier de chaque catégorie est qualifié pour la finale. Même règlement que pour les éliminatoires. Il est fait deux tours. Le premier de la finale est déclaré *vainqueur.*

TABLE DES MATIÈRES.

PARIS ET LIMOGES. — IMPRIMERIE MILITAIRE CHARLES-LAVAUZELLE.

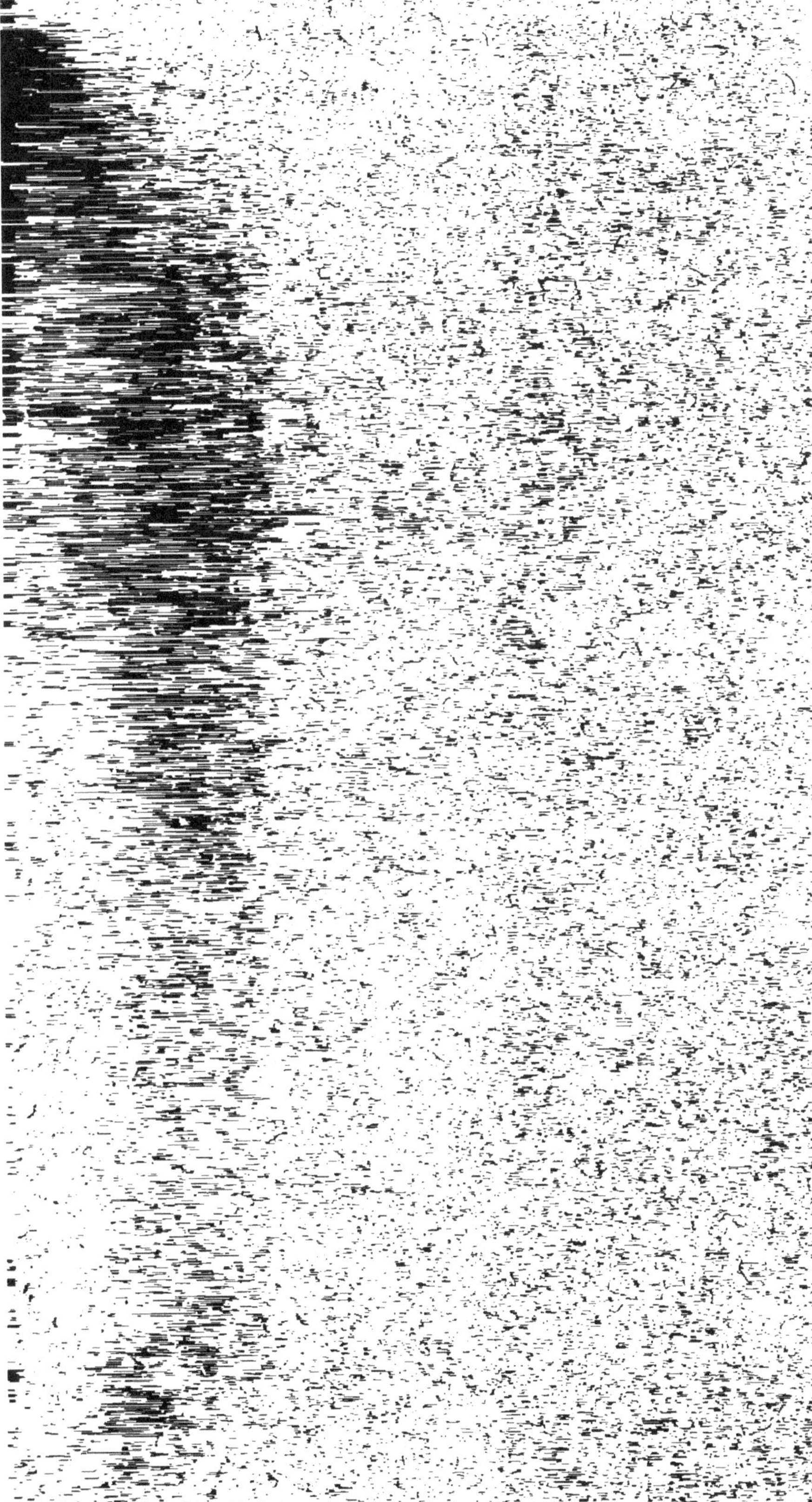